JN408685

타래시동인 스물다섯 번째 시집

행복을 실은 자전거

차 례

발간사

이효녕 시인 추모특집

참여작가

2020년 동인지 제24집 출판기념회, 제35회 시낭송회 제16회 시화전 2019. 11. 18 ~ 12. 4. 일산호수공원 내 카페

2020년 동인지 제24집 출판기념회, 제35회 시낭송회

제16회 시화전 2019. 11. 18 ~ 12. 4. 일산호수공원 내 카페

2019년 동인지 제23집 출판기념회, 제34회 시낭송회 제15회 시화전 2019. 11. 1 토당청소년수련관

타래시동인회 스물 세 번째 시집

가을이 아프다

출판기념회 • 제34회 시낭송회 • 제15회 시화전

김현만 | 나윤선 | 박정구 | 박종화 | 박해근 | 서정부 | 신다회
우재호 | 이다정 | 이재식 | 이재선 | 이효녕 | 하정림 | 허은주

• 일시: 2019년 11월 1일(금요일) 오후 6시 • 장소: 토당청소년수련관
• 주관: 타래시동인회 • 후원: 고양시

2019년 동인지 제23집 출판기념회, 제34회 시낭송회 제15회 시화전 2019. 11. 1 토당청소년수련관

2018년 동인지 제22집 출판기념회, 제33회 시낭송회
제14회 시화전 2018. 10. 20 ~10. 31. 3호선 대화역 로비

2018년 동인지 제22집 출판기념회, 제33회 시낭송회
제14회 시화전 2018. 10. 20 ~10. 31. 3호선 대화역 로비

2017년 동인지 제21집 출판기념회, 제32회 시낭송회 제13회 시화전

추모특집 · 전 타래시동인회 회장 이효녕 시인

▲ 고양시문화상 수상

▲ 이효녕 시집 및 소설집 출판기념회 2004. 2. 20.

▲ 세계시인대회에서

타래시동인 스물다섯 번째 시집

행복을 실은 자전거

어서 오세요 어떻게 오셨나요
행복을 만나러 왔어요
망초꽃은 하얀 미소 한 다발 자전거에 실어줍니다

〈서문〉

‘시(詩)로 팬데믹 속 희망을 꿈꾸며’

신다회 회장

고운 빛깔로 가을이 곱게 물들고 파란 하늘에 선선한 바람이 설레게 합니다. 국화꽃이 그윽하게 우리를 부르고 있지만 코로나-19 팬데믹에서 벗어나지 못하고 안타깝게도 힘든 시기를 맞이하고 있습니다.

그러나 삶의 길목에서 세찬 바람이 불어와 흔들고 간다 해도 갈대처럼 흔들어주며 맑은 미소 짓는 회원님들 덕분에 세상은 아직 따뜻하고 감사할 일이 많습니다. 그래서 좋은 일이 많이 생기는 선물 같은, 좀 더 나은 미래를 꿈꿉니다

문학이란 열정으로 불안함과 초조함은 낙엽처럼 훌훌 날려버리고 마른 감성을 촉촉하게 적셔주는 보석 같은 옥고로 탄생한 타래 시동인 스물다섯 번째 시집 『행복을 실은 자전거』는 반짝반짝 빛나는 또 하나의 별로 탄생했습니다.

타래시동인회 27년이라는 긴 역사와 지난해 행사한 제16회 시화전과 24회 『꽃은 울지 않는다』 동인지 출판까지 이효녕 고문님과 회원님들의 혼신을 다한 시사랑의 결실이었습니다.

투병 중에도 타래시동인회에 혼신을 다하셨던 이효녕 고문님께서 2021년 6월 6일 안타깝게도 타계하셨습니다. 뜻밖의 큰 비보에 회원님 모두 슬픈 마음을 금할 길이 없었습니다. 문학계 큰 별이 되어 하늘나라에서도 시를 쓰고 계실 님을 기리며 묘비명에 새긴 시를 옮깁니다.

여유

이효녕

흘러가는 구름과 바람결에 벗을 삼고
이 세상 삶으로 화답하니
세월이 가든 말든
논 밭 가운데 엎드려
잡풀 모두 뽑아 태우고 난 뒤
막걸리 한잔에 흥 돋아 미소 짓네

이효녕 고문님과 함께 쌓은 소중한 작품과 추억은 영원히 살아남을 것입니다. 오상고절(傲霜孤節) 기개의 국화처럼 시인이라는 자부심과 긍지를 잊지 않고 훌륭한 작품으로 거듭나길 기원하며 서로 행복을 빌어주고 안부를 걱정해주는 사랑으로 함께 가는 타래시동인회가 독자들의 가슴에 오래도록 특별했으면 좋겠습니다.

2021년 행복을 부르는 가을날

타래시 동인회 회장 신다회

이효녕 연보

- 서울 연희동 출생
- 경기공업고등학교 공예과 졸업
- 국립 경기공업고등전문학교 공예과 5년 졸업(현 서울과학기술대학교 전신)
- 도서출판 일조각 디자인실 근무
- 안국약품주식회사 총무과장/구매과장/선전과장
- 한국디자인협의회 창립이사
- 전국디자인공모전 심사위원
- 삼원프로세스 대표
- 한양여자대학교 시각디자인과 산학협동 위원
- 알파디자인 대표
- 북부연합신문 편집국장
- 도서출판 서정의집 대표 등 역임

문학부문

- 1989년 ~ 시집 『바람으로 누운 갈대들』로 문단에 나옴
- 1990년 ~ 2012년 고양시문인협회 수석 부회장 역임
- 1992년 ~ 작고 시까지 한국현대시인협회 회원
- 1993년 ~ 현재 한국문인협회 회원
- 1994년 ~ 2010년 한국예총 고양지부 부지부장 역임
- 1995년 ~ 월간 ≪한맥문학≫ 단편소설 「덫」으로 등단
- 1996년 ~ 작고 시까지 한맥문학동인회 회원(사무국장 역임)
- 1996년 ~ 작고 시까지 한맥문학가협회 상임자문위원(사무국장 및 수석 부회장 역임)
- 1996년 ~ 작고 시까지 타래시동인회 회장
- 1997년 ~ 세계시인대회 미국대회 참석(맴피스)
- 1997년 ~ 99년 월간 ≪한맥문학≫ 기획실장 역임
- 1998년 ~ 세계시인대회 일본대회 참석(마에바시)
- 1999년 ~ 세계시인대회 한국대회 홍보위원 역임
- 1999년 ~ 작고 시까지 한국소설가협회 회원
- 2000년 ~ 작고 시까지 국제펜한국본부 회원(이사 역임)
- 2001년 ~ 작고 시까지 한국서정문인협회 고문(회장 역임)
- 2002년 ~ 2015년 월간 ≪한맥문학≫ 고양시 회장 및 편집위원
- 2002년 ~ 2006년 경기문인협회 인권위원 역임
- 2003년 ~ 2005년 연불교문학회 경기도지회장 역임
- 2004년 ~ 세계시인대회 한국대회 조직위원
- 2004년 ~ 세계문화예술아카데미(美國) 명예문학박사

· 2006년 ~ 작고 시까지 늘푸른문학회 상임고문
· 2007년 ~ 2015년 서라벌문예원 심사위원장 역임
· 2008년 ~ 2015년 현실참여 문인시민연대 고문
· 2009년 ~ 2014년 시와수상문인협회 고문 및 시인대학 강의
· 2011년 ~ 2012년 한국미소문학회 상임고문 역임
· 2013년 ~ 작고 시까지 한국다온문인협회 심사위원장

개인시집

· 첫 번째 시집 『바람으로 누운 갈대들』
· 두 번째 시집 『떠나간 가을에 만난 꿈』
· 세 번째 시집 『고독한 늪 속에서 울던 바람』
· 네 번째 시집 『떠도는 별들의 눈물들』
· 다섯 번째 시집 『달빛에 가려진 별들』
· 여섯 번째 시집 『사랑론』
· 일곱 번째 시집 『성개방시대를 살아가는 우리들의 슬픈 초상』
· 여덟 번째 시집 『숲의 마을을 가며』
· 아홉 번째 시집 『떠나도 아름다운 그대 사랑』
· 열 번째 시집 『사랑이 너의 가슴에 물들기까지는』
· 열한 번째 시집 『이 세상 그 누구보다 널 사랑하면서도』
· 열두 번째 시집 『낙엽으로 부치는 편지』
· 열세 번째 시집 『그대 꿈에 잠드는 밤』
· 열네 번째 시집 『기다려도 오지 않는 사람』
· 열다섯 번째 시집 『사랑하는 마음 가까이』
· 열여섯 번째 시집 『사랑하는 사람 앞에서』

- 열일곱 번째 시집 『별빛을 따라 가면』
- 열여덟 번째 시집 『나비의 꿈을 기다리며』
- 열아홉 번째 시집 『사막의 시간』
- 스무 번째 시집 『언제나 보고 싶은 사람』
- 스물한 번째 시집 『참, 많이 그립다』
- 스물두 번째 시집 『아름다운 기다림』

소설부문

- 첫 번째 단편소설집 『이브의 사과를 벗기는 여자』
- 두 번째 단편소설집 『그래도 갈대는 흔들린다』
- 세 번째 단편소설집 『그리고, 차마 아무 말도 할 수 없었다』
- 이효녕 장편소설집 『사랑의 미로』 (상 · 하권)

연재소설

- 장편소설 『집시의 연인들(월간 〈한맥문학〉 30회 연재(원고지 3,000매)
- 장편소설 『도요새의 비가((연합신문에 2년 연재)
- 장편소설 『딸아, 오 사랑하는 내 딸아((시와글사랑문학 연재 중 중단)

디자인부문 저서

- 『이효녕 삽화집((한국문학방송 간행)
- 『이효녕 일러스트집(₩(한국문학방송 간행)

문학상 수상

· 1995년 제4회 한맥문학상 본상

· 1998년 제14회 경기문학상 본상

· 2003년 제4회 한하운문학상 대상

· 2003년 제3회 천명문학상 대상

· 2004년 제13회 고양시문화상(예술부문)

· 2017년 제16회 서포문학상 대상

시비(詩碑)

· 목포 국립해양대학교 내 시비동산

○ **이효녕 시인 추모특집**

저녁의 시간 외 5편

이 효 녕

하늘이 온종일 푸르다
저녁나절 서쪽하늘에 드리운 반달
하얀 구름 밀어내는 속삭임
허공의 꿈을 그리며 귀퉁이에서 떠돈다
배를 기다리는 나그네는 보이지 않고
서쪽하늘 위로 모습을 드러내는 조각배
천 길 그늘 아래서 바라보는 눈길
반달은 만월의 모궁이다
그리워하는 사람 찾아가는 수런거림
석양이 물든 구름 한 점 올라앉는다
금빛 마지막 햇살에 넋이 나간
어깨 위에서 부푸는 석양빛
하루 동안 쌓인 삶의 그늘 벗어나
그리워하는 사람 조각배에 태워
노란달맞이꽃 마중 가는 이 저녁나절

들길에 거미의 집

사람도 둥근 빵을 얻기 위해 살듯
모두 먹고사는 것으로 생각하여
들에 걸어놓은 하얀 투망
스치는 바람에도 떨리어
가슴이 내려앉는 그 시간이면
언제 살던 집에서 쫓겨날지 모른다
집이 없으면 어떻게 살아야 할지

눈앞에 펼쳐진 고층 아파트
해가 기울 때처럼
하늘이 얼마나 눈물겨운지 모르지만
마음이 허물어지는 기분을 어찌 견뎌야 할지

그래, 마음 닿는 풀잎으로 기둥 세우고
생을 위한 하얀 투망 던져
바라보면 해와 달이 뜬 강물이 보이니
깨어 흐느끼는 시간 아래
들길 위로 날던 나비가 걸려들어
은빛 꿈이 흘러가면 갈수록

즐거운 타인으로 살아가는 마음
바람이 스칠수록 빵은 부풀어오른다

어머니의 설날

유년의 세월 앞에 두고 떠나온 고향
귀향 열차 기적소리 들길 걸어오면
마음으로 타오르는 그리움 불길 지펴
객지로 떠나보낸 자식 기다리시는 어머니
이마의 주름은 세월의 강입니다

삶의 변방에서 자식들 돌아온다는
설레는 마음에 며칠 밤 지새우며
세월로 스쳐간 기억만큼 풍성하게 차린
자식들 많이 먹이려 마련한 설날음식
돌아보는 기쁨이 마음을 흔들던 어제의 설날
그러나 이제는 숨쉬는 것마저 힘든
어머니 몸에 엉킨 매듭입니다

가벼워진 몸 이불자락에 의지하면서
물끄러미 물밑 내려다보시는 어머니
자식들 얼굴조차 희미하기에
이제 바깥 거동은 조금도 못하시지만
내 사랑의 자리는 삶의 강물로 흐르다가

설 차림 상위에 올라앉아 계시는 어머니
아직 생전에 계신 얼굴 들어
앞으로 떠나가실 하늘 바라보는 모습
빨래하시던 강을 건너려
강가의 매어놓은 작은 나룻배입니다

떠도는 섬이 되어

어느 한적한 섬이 되어
내 그대를 그리워하고 있어요
밤이면 돌아가는 배에
달빛과 그대 모습만 태우고
물 속에 잠길 듯 마냥 가물거립니다

어둔 밤의 앞뒤 없는 바다를 보면
죽어야 할 만치 슬픔이 있다는 것으로
무작정 내 마음 싣은 채 끌고 다니는지요
우리가 그림자로 스친 삶에서
사랑의 굴레는 어째서 그대로 남는 것일까요

한 그릇의 냉수를 사랑으로 먹여주던
마음 속에 남긴 사랑의 영혼들이
손목에 감기는 쇠사슬을 풀어냅니다
벽에 붙여진 세월의 달력처럼 찢겨
맨 먼저 내 마음을 감아버립니다

그대는 늘 바다를 좋아했지요

넓은 바다에 섬이 되어
내가 떠나도 언제나 안고 싶다고…
하지만 지금의 기다림은 고통이지만
사랑은 영혼처럼
내 곁에서 물결로 흐르는 것

그대가 안 보여도 추억으로 느끼고 싶어요
오늘도 섬으로 마냥 떠돌면서
보이는 이 없는 시공(時空)의 어느 모퉁이에서
파도로 굽이치는 그대의 숨결을
하얀 모랫벌 같은 당신을 기다리고 있어요
겁(劫)을 달리 하는 시간이지만 보고싶어요
영 날지 못하는 한 마리 갈매기
그리워 우는 소리가 들리세요

상념 · 16

그 카페에는 음악이 없다
자신의 인생처럼 식어가는 커피 향
콧속을 맴돌다가 벽면 배회하니
남은 시간은 도피하여 속도 내고
창가의 햇살들 실내의 어둠 사이로 빠져나와
적막 겨냥하던 거울에서 불빛으로 살아난다
내장 속에서 출렁거리는 실내
귀퉁이 차지한 피아노 건반 위에 반달 걸어놓고
낯선 건널목 건너온 인형만 홀로 남아
이끼 낀 목소리로 자신의 얼굴 보며
홀로 노래 부른다
하지만 귓전에 아무 소리도 남지 않는다
소금으로 짜게 절여진 인생 앞에
음악이 아닌 비음悲音이 들려오는 공간 어디쯤
이미 향일성 벌레가 되어있는 나는
푸른 그리움이 넘치는 출구를 찾고 있다

강둑에 앉아 기다리는 사람

내가 강둑에 앉아 지난 억새 바라보며
물떼새처럼 사는 것은
그리움이 벅차 눈을 감는 것이 아니라
반짝반짝 날아오르는 순간을 아는
물새의 그림자가 되기 위해서다

강물에 돌을 던지면 물결의 파문이 생겨서
가슴이 일렁이는 것은
푸른 발자국 남기는 새들이 아니라
강둑 억새꽃 사이에서 바람을 밟고 가는
아련한 마음 지우기 위해서다

목이 긴 그리움의 그림자 바라보며
강물 속에 내려앉아 흐르는 것은
강물이 흘러넘치듯 내 마음 겉돌아
더 깊이 흐를 수 없는
더 가까이 갈 수 없는 만남이 아니라
너의 이름 불러보기엔
강기슭 저쪽 물새로 날아가는 시간이
내 곁 가까이 오기에는 너무 짧은 때문이다

◎ 이효녕 시인 추모특집

그리움을 부르는 서정의 시학

- 이효녕 시집 『사랑이 너의 가슴에 물들이기까지』를 중심으로

이 만 섭

어떤 시를 읽었을 때 독자는 시가 아름답다는 말을 한다. 한 권의 시집이든 또는 한 편의 시든 간에 언어예술의 꽃이라 할 수 있는 시가 그처럼 아름다움을 느낄 때, 우리는 꽃을 화병에 꽂듯이 시를 가슴에 꽂는다. 우리에게 끊임없이 회자되는 소월의 시가 그렇고 영랑의 시가 또한 그렇다. 그렇다면 그분들의 시는 왜 그랬을까, 곰곰이 생각해보건대 우리에게 내재된 정서가 그 시 속에 함초롬히 들어있기 때문일 것이다. 바꾸어 말해서 곧 흉금의 상통이 있었던 것이다.

이효녕 시인의 시를 읽고나면 왠지 그런 까닭 모를 그물망에 걸리게 된다. 다시 말해 가슴 한켠이 먹먹하고 아릿해져 온다. 왜 그럴까, 무엇이 우리의 가슴을 훑고 갔기에 그럴까, 그것은 시인의 서정이 내 것인 양 그러면서도 그 아름다움이 어디까지 인가를 사뭇 헤아리게 하기 때문이다. 우선 그의 시편 면면을 살펴보면 어느 한 편도 리리시즘의 영역을 소홀히 한 점이 없기 때문이다. 때로는 서정의 정서가 너무도 치열하여 읽는 이로 하여금 망연함마저 들게 한다. 마치 독자를 서정의 강에 풍덩 빠뜨려놓고 허우적이며 그 강을 건너저 푸른 초원지대로 헤엄쳐 가게 한다. 따라서 시인의 시편들은 서정의 틀 안에 숨어있는 잠재된 그리움이 아니라 품어내는 그리움 또는 다가서는 그리움이다.

대체 무엇이 그토록 시인에게 그리움의 행간을 걷게 하는 것인가, 시인의 열 번째 시집 『사랑이 너의 가슴에 물들기까지는』에 상재된 시편들을 중심으로 살펴본 결과 시인과 그리움이 다가섬으로 조응관계(照應關係)로서 놓여있음을 여실히 알 수 있었다.

바람이 꽃을 흔들듯
너를 안고 마냥 흔들어 깨어 놓을 거야
내 마음의 공허한 지점을 벗어날 때까지
내 가슴 속에서 너의 피가 흐르는 소리를 들을 거야

너를 만나는데 천년이 넘게 걸렸는데
너의 가슴을 건너
내 마음으로 돌아오기까지
얼마나 세월이 걸릴까
그래, 너는 하늘의 별들이 등불로 걸린
휴식의 침대가 놓인 아득한 방이었어
거기서 눈을 감고 사랑의 체면술을 걸었지
그리고 아이스크림같이 녹아내리도록
태풍 부는 해안에 선 것처럼
너를 안고 울부짖고 싶었어

너는 어디에 있더라도 내 곁에서 떠돌다가
해질녁 노을 속에 묻힌 붉어진 구름으로
내 온몸 휘감던 아름다운 사랑
그래 넌 내 가슴에서 영원히 떠돌게 할 거야

바람이 꽃을 흔들듯
너를 안고 마냥 흔들어 깨어 놓을 거야
내 마음의 공허한 지점을 벗어날 때까지
내 가슴 속에서 너의 피가 흐르는 소리를 들을 거야

너를 만나는데 천년이 넘게 걸렸는데
너의 가슴을 건너
내 마음으로 돌아오기까지
얼마나 세월이 걸릴까
그래, 너는 하늘의 별들이 등불로 걸린
휴식의 침대가 놓인 아득한 방이었어
거기서 눈을 감고 사랑의 체면술을 걸었지
그리고 아이스크림 같이 녹아내리도록
태풍 부는 해안에 선 것처럼
너를 안고 울부짖고 싶었어

너는 어디에 있더라도 내 곁에서 떠돌다가
해질녘 노을 속에 묻힌 붉어진 구름으로
내 온몸 휘감던 아름다운 사랑
그래 넌 내 가슴에서 영원히 떠돌게 할 거야
사랑 한다는 말이 아름다운 보석처럼
내 사랑이 너의 가슴에 닿기까지
너를 안고 밤새 흔들어 깨어놓을 거야

내가 사랑한다는 말이 하늘까지 전해져
내 가슴위로 네가 별이 되어 반짝일 때
세상의 행복은 너의 가슴에 담아두겠어

– 「사랑이 너의 가슴에 물들기까지는」 전문

이 시에서 너라는 말이 무려 열 아홉번이나 나오고 있다. 분명히 너라는 관계의 대상으로부터 내가 있건만, 애착의 너 그리움의 너는 이토록 특별하다. 그렇기에 나는 너를 불러도 불러도 목마르다. 화자는 무엇때문에 이렇게 너를 담아 나의 감정을 전달하고 있는 것일까. 곧 나는 너로부터 바람이고 너는 나로부터 꽃이기 때문이다. 그렇다. 그리움으로 수놓아 향기로 박힌 너의 내재율을 내 앞에 부단히 끌어내고 싶은 것이다. 이것이 내가 너를 향하는 이유이다.

"너를 만나는데 천 년이 넘게 걸렸는데 / 너의 마음을 건너 / 내 마음으로 돌아오기까지"

시공을 초월하듯 이 한없는 헤아림은 시인이 천 년이라는 숫자를 염두해두고 만남을 기약한 것은 물론 아닐 것이다. "천 년이 넘게"에서 너와 나의 인연의 틀이 기필코 원형의 전설 안에 갇혀서라도 이루어내겠다는 굳센 의지의 표현이다. 이것이야 말로 우연을 가장한 필연의 인연설일 것이다. 오로지 내 안에 갇힌 마음이라면 천 년의 세월인들 또는 그보다 더한 것도 감내할 수 있다는 것이다. 여기서 화자의 시적 자아는 곧 밤하늘의 별로 떠있는 그리움을 어둠 속의 등불이라는 변용의 시학으로 치환하고 있다.

따라서 "침대가 놓인 아늑한 휴식의 방"이라든지, 연이어 "최면과 아이스크림"으로 그처럼 너로부터 부둥키고 싶은 애절한 만남을 갖고 싶은 나인 것이다. 여기에 화자의 그리움이 절박한 조응관계에 있는 멈출 수 없는 에너지라는 점을 발견할 수 있다.

이 점이 시인에게 있어 시의 행위가 독자에게 그리움을 피체험으로 이끌고 있는 것이다. 이렇듯 조응관계의 리리시즘은 다른 시편에서도 얼마든지 드러난다.

우리 서로 사랑한다면
작은 언덕 위 풀잎으로 피어나
기쁨의 눈물 흘리며
언제나 너의 곁으로 가겠어
아름다운 너의 목소리
은빛 이슬로 굴러 나온다면
꽃잎의 살을 바람이 흔들어도
기쁨의 눈물 등불로 내어걸고
하늘을 가진 만큼 기뻐하겠어

햇볕 그림자 잎사귀 덮어
제 그림자와 입맞춤하듯
네가 가까이 아주 가까이 오면
너를 안고 마냥 쓰다듬으려 해

아침 이슬이라도 묻힌 듯

푸른 바람의 꽃으로 피어난 다음
바람진 들녘에서 향기로 만나
너의 얼굴 한 뜸 두뜸
내 가슴에 행복을 수놓겠어

– 「우리 서로 사랑한다면」 전문

사랑을 한마디로 정의하기는 참으로 어려운 일이다. 다만 교감이 닿아서 핀 감정의 꽃인 것만은 분명하다. 예를 들어 하나의 풍경이 있다고 하자. 그것은 강이어도 좋고 나무이어도 좋고 계절적으로 봄이어도 상관없고 가을이어도 상관이 없다. 그 풍경을 대하는 감정이 살아있을 때 자연은 친화력으로 가슴에서 돋움한다. 봄의 양지 아래서 새싹이 돋듯이 가을의 햇빛 아래서 열매가 익어가듯이 그렇게 피어나는 것이 사랑일 것이다.

"햇볕 그림자 잎사귀 덮어 / 제 그림자와 입맞춤 하듯 / 네가 가까이 아주 가까이 오면 / 너를 안고 마냥 쓰다듬으려 해"

이 나직하고 풋풋한 심리묘사는 장만영의 시 「달 포도 잎사귀」의 정서처럼 정경묘사(情景描寫)로 어우러진다. 화자의 내면에 나직이 들어앉은 풍경 같은 마음을 사랑으로 치환하여 이미지화하고 있는 시인의 시적 체온이 안온하기만 하다. 리리시즘이란 이처럼 객관적 상관물이 의식에 들어와 형태미를 갖추는 서정이다.

"아침 이슬이라도 묻힌 듯 / 푸른 바람의 꽃으로 피어난

다음 / 바람진 들녘에서 향기로 만나 / 너의 얼굴 한 뜸 두 뜸 / 내 가슴에 행복을 수놓겠어"

다짐이라도 하듯 너를 향하는 사랑의 맹세는 내 안의 소망처럼 고운 모습으로 형상화 시키고 있다. 앞에서도 언급했지만 이 조응이란 말은 샤르트 보들레르의 만물조응(萬物照應: Correspondances)에 근거하고 있다. 보들레르의 말에 의하면 감각은 단순한 감각에 그치지 않고 생각이나 감정까지도 전달한다는 것이다. 따라서 대상으로 있는 물상이라도 단순한 대상의 물상이 아닌 것임은 분명하다. 아침 이슬이나, 푸른 바람의 꽃, 들녘의 향기, 이런 것들이 곧 나로부터 응대하는 그리움의 상관물들인 것이다.

내 사랑이게 하소서
사랑으로 시작해서
영원한 사랑으로 끝나게
모든 이들이
아름다운 사랑이게 하소서
외로움이 날리는 모래밭
가시처럼 돋아난 너는 내 이름
별이 지면 다시 별이 또 오고
바람과 햇볕은 없어도
날갯짓으로 오는 나비처럼
찬란한 사랑을
가슴에 지니게 하소서
사랑은 말로만 아니 하시고
사랑은 속박되게 아니 하시고

사랑하는 마음마다
백은(白銀)의 꽃송이 가득 핀
영롱한 이슬 같은
아름다운 꿈이 머문
항상 영원한 사랑이게 하소서
내 사랑이게 하소서
오늘도 잠이 들지 못한 마음 아픈 이들
명부(冥府)의 등불처럼 얹혀 오더라도
용서하여 편하게 잠들게 하시고
너무나 외로워
내 이름 불러주는 사랑이더라도
눈 위에 피어나는 동백꽃과
돌 속에 수를 놓는 마음이게 하소서
사랑이게 하소서
청량한 물줄기의
사랑의 갈증을 풀어주는
목숨의 샘물이 되는 사랑이게 하소서
이 세상 모두가 사랑이게 하소서

– 「사랑이게 하소서」 전문

이 시 또한 충만한 사랑의 숨결로 채워놓고 있다. 내 안의 선험적 체득이 아니라도 오랫동안 숨결 짙은 그리움으로부터 오는 터여서 간절함에도 따뜻한고 평온하다. 대체로 송가적인 형식을 띄고 있는 기도의 시는 사색과 구원을 동반한다. 따라서 엄숙하고 진지한 특징을 보여준다. 그러나 여기서는 사랑을 위한 독백의 형식이다. 오직 내 사랑이게 하라는 것이다. 문호 괴테가 "문학은 언어를 매개체로 한 정신의 표현"이라고 한 말은 시인의 시 속에서 구체적 가능성으로 나타난다.

사랑이란 구원이면서도 형상이다. 엄밀히 말해서 모든 생명은 사랑을 통해서 얻어지고 성장한다고 해도 틀린 말은 아닐 것이다. 이런 점에서 일컬을 진데 감히 시인을 그리움을 부르는 서정의 주술사라고 부른다. 그의 열 번째 시집 『사랑이 너의 가슴에 물들기까지』를 읽고 세 편을 간추려 간략하게 시인의 시적 향방을 쫓아보았다. 앞으로도 시인의 중후한 그리움은 더욱 깊어질 것으로 보인다.

이만섭 시인

1954년 전북 고창 출생
2010년 ≪경향신문≫ 신춘문예 당선
계간 ≪스토리문학≫ 편집위원

김남혜 (Kim Nam Hey)

아호는 은혜(恩惠), 시인 수필가, 서울특별시 동대문구 거주,
미) 캘리포니아 유니온 교육대학교 유아교육학과 전공 (문학사)
미) 캘리포니아 유니온 교육대학교 대학원 상담학 (박사)
미) AMS(America Montessori Society) 미국몬테소리협회
법무부 청소년 범죄예방위원, 파주지역협의회 감사, 서울 총회 신학대학교 상담심리학 교수 역임, 경기대학교 원격교육원 사회복지학 운영교수, 서울 낙산 노인복지정책 연구회 이사, 현) 사회복지시설장, 한국시낭송뉴스 기자
월간 ≪한맥문학≫ 시 부문 신인상 등단, 월간 ≪국보문학≫ 수필 부문 신인상 등단
제26호 동인문집 『내마음의 숲』 발행인, 타래시 동인회 회원, 한국문인협회 시분과 회원
사) 한국국보문인협회 경기도 지회장, 사) 한국서정문인협회 부회장, 월간 한맥문학협회 동인회 이사
제5회 한국국보문학 우주문학상 수상, 제9회 대한민국문화예술명인대전 시 부문 명인상 수상, 한국서정문학 시 부문 작가상 수상
공저) 『문제는 노인복지야 이 바보야』 내 마음의 숲 동인문집, 한맥문학 동인집, 옥합, 학, 문예나루 외 다수

나라사랑 외 5편

김 남 혜

부모님의 태몽으로
텃밭에서
호미자루 던져놓고
큰소리치며 태어나
사랑이라 이름 짓고

닮은 얼굴 찾아
가족과 함께 살아온 조국
이웃들과 정을 주며
젊은 꿈과 희망
나라에 충성하고

자나 깨나 나라사랑
혈육의 정 그리웁고
한류화로 뻗어나가
텃밭 길에 무궁화 심고
영원한 나의 조국(祖國) 길이길이 빛내자

코로나19

숲 깊은 풍경소리
구름 따라 흘러가고
바윗골 샘물가는
잡새들이 노래하니
너와 집 코로나19
머물 자리 없구나

산 높은 계곡에는
코로나19 길이 없고
벽공에 집이 없어
잡새들도 날아가니
불청객 창문이 없어
오는 길도 없구나

천둥소리

찌들게 살아온 땀방울
여름 햇살에 끼어
먹구름 속에 번개로
남쪽 하늘을 덮고
비구름에 물 폭탄이
하염없이 쏟아져
텃밭을 물길로 헤집고

꺾어진 천둥번개소리
몰아치는 비바람에
논밭을 쓸고 갈아놓아
망연자실 눈앞에 가려
빗줄기 속에 풋과일 떨고
하늘을 향해 원망하니
구름 사이에 햇살이 바람을 밀고가네

울타리

우물가
텃밭 길은
들꽃의 향 가득하고

울 밑에
봉선화꽃
반나절이 곱다 해도

떠나간 님
석양빛에도
하염없이 기다려지네

고향

몸 하나 얹은 밤차는 울지 않는다
아쉬운 발길 당겨가며
앞서거니 뒤서거니
산도 강도 눈물 뿌리던 오솔길
외로운 달빛 등에 켜고 홀로 나선 타향살이
두려움 삼키며 먼발치에 가물거린다
내 이름은 어느덧 강물처럼 흘러가고
긴 꼬리 흩날리며 어둠에 묻힌
미지로 향했던 그날이 살아난다
꽃구름 머문 우물가
풀피리 불어주던 언니와 벗들
뛰며 노래하던 언덕배기가
가슴을 헤집고 길게 눕는다
포구 맴도는 비릿한 내음도
서로에게 포옹의 손 내미는데
그리운 사람들은 지금
어디에서 무얼 할까
구름바다 저 아래
옛 추억이 자맥질한다

여명

얼붙은 몸
가슴 언저리 붉은 점 하나 살고 있다
속세의 번뇌로 인하여
깜깜한 지옥으로 자꾸만 빠져든다
내 삶의 물굽이 길에는 늘
천둥번개 몰아친다
난 바다 깊은 태풍을 뚫고
모세의 길잡이 따라 바다가 열리듯
안맹이 눈을 뜨듯

무저갱을 벗어나고 싶다
때로는 예인선이 내 몸을 사유하는
따뜻한 양수의 기억
넉넉히 젖 물려주는 따스한 햇살
소생하는 홀씨 하나쯤
무거운 가슴에다 깊이 묻어두고
오늘도 가슴이 뜨겁게
님을 향해 두 손을 빌어 올린다

김현만

국제PEN한국본부 대외협력위원
한국문인협회 남북문학교류위원
간도되찾기 홍보대사
삶의향기 여유당 회장 역임
가래문학회 회장 역임
대한민국 문화예술명인대회 시부문 명인상 수상 · 사회 공헌 봉사상 수상
≪시인시대≫ 시 명인상 수상
E-mail : hm1957@hanmail.net

시작 노트 외 9편

김 현 만

세상천지 코로나 열병이
넘쳐나 수많은 목숨이 죽어나간다
자고 일어나면
생떼 같은 주검들이 헤아릴 수 없고
이웃도 멀어진지 오래이다 보니까
가족 간에도 서로를 경계하는
예전에 상상할 수 없는 모습들이
현실이 돼버렸다
이 모든 원흉은 인간들이 만들어낸
자업자득이 아닐까
하루속히 코로나바이러스가 없어지고
사람 사는 세상이 도래하기를 고대해본다
이 어려움 속에서 문인이 할 수 있는 일을
모두에게 희망을 안겨드리는
좋은 글을 써서
위로해드려야 할 것으로 안다

이번 타래시 25번째 동인지는
여러모로 힘들고 어려운 가운데

발간을 해서 그 기쁨이 두 배가 아닐까 생각한다
아무쪼록 회원님들이 무고와
건강하시길 기원하면서
25회 동인지 출간을 진심으로
축하드리는 바이다

이효녕 선생님을 기억하면서

8월에는
그 멋진 사내가 그리워진다
진초록 정장을 입고
노란 넥타이를 맨 그는
웃음이 잦은 얼굴에
늘 달콤한 시어를 입에 물고 산다
가끔은 샹송이 어울릴 것 같은
동숭동거리를 서성이지만
그렇다고 딱히 만나는 이는 보기 드물다
색깔이 바랜 벤치에 잠시 머물다
헝클어진 머릿결을 추스르곤
휑한 도심 속으로 간다
남루하지만 결코 흐트러지지 않는
당당함이 그 멋진 사내와
나와의 마지막 모습이었다
그는 지금도 청계천 어느 뒷골목에서
좌판에 글을 쓰기 위한 막막한
소재를 찾아 독한 위스키와
한판의 전쟁을 치르고 있을 것이다

그런 그를 6월 6일 이후에
내가 본 적이 없다
멋진 사내가 그립다

어머니의 강

하얀 눈 속에
매서운 겨울이
깊어 간다
배고픈 아이는
밥 달라고 울다 지쳐
잠이 들었다
오늘 따라 보리 담던
항아리에서 고된
바다소리가 들린다
며칠 째 먹는 게 없는
새끼들 우짤까나
퀭한 눈빛으로
바라보다 못한 어머니
눈 속에서 손가락보다
작은 보리 싹을 베어와
가마솥에
된장을 넣고 끓이신다
아그들아 밥 묵어라
멀건 보리싹 죽에서

쉰내 나는 눈물이
방울방울 고인다

해당화

인고의 세월
홀로 지켜온 날
연보라색 꽃
가시 틈에 피워놓으면

너의 향기로
혼미하던 그날
낮달이 혼자 서럽게 울었다

갯가에 홀로 앉아
수줍던 그 모습
아련한 추억 찾아
하얀 파도 넘실대는
그곳으로
널 찾아갈 거야

뿔고동소리 슬퍼 보이는
썰물 밀려간 그 해안가에

봄빛에 그을린 해당화
널 보러가야지

돌아가는 길

산들바람 분다
연녹색 푸른 잎들이
제 세상인양
이 산 저 산 자지러들고
진달래 진 자리
철쭉이 포진하고 있다
그 옛날 어머니 손잡고 넘던 보릿고갯길
낯익어 돌아보니 하세월 가고
그리운 마음뿐
목화밭 금순이도 가고 없구나
청춘은 늙어 백발이 성성하고
하늬바람인가 구름인가
인생시계 쉬어가는 줄도 모르네
벗님네들아 욕심 부리지 마시게
있으나 없으나 갈 때는
아무것도 가져가지 못하는 걸
얼마나 채워야 속이 후련하시련가
저 미물도 올 때를 알고
가는 때를 아는데 욕심부린다고

갈길 아니 가겠는가
청산이 부르거든 미련일랑
남겨진 자들에게 두고
산새 들새 우는 고향
그곳으로 가세

망성리에서

흙모래 위에
살빛이 고운 발자국을 심었다
터무니없는 공간보다야
저 푸른 바다가 좋지 않을까
작은 풀잎에서 소란스런
풍경소리로 들린다
해풍도 비켜간 오후 조개 잡는
아낙네의 손끝이 사뭇 맵다
햇살 아래 하나둘 저 가는 시간들
그렇게 꼿꼿하던 바위가
파도에 모질게 씻기고 짝 잃은 갈매기 한 마리
호로록 갈대밭에서 소리 죽여 운다
하얀 파도가 뉘엿뉘엿 지는 해를 이고
문상을 다녀간 뒤 모래 위에는
쏜살같이 발자국이 사라졌다
시퍼런 칼날을 감춘 어둠이
스물거리며 착한 바다를 삼켜버렸다

마음의 하얀 길

아득히 먼 길
아직도 가슴에는
썰물이 머물러있다
살아온 날보다
살아가야 할 날들이
작은 촛불처럼
마음의 창에서 흔들리는 날
내 곁을 떠나 있는
철 지난 시간들마저
황혼에 물들고
아득하게 멀어져가는
나의 새벽…
지난 그리움들이
가슴속에서 조각조각
부서져내리고 있다

기러기 당신

그대는 정녕 바람인가요
아니면 뜬구름인가요
황홀한 시절 꿈같은 시간
이 맘에 사랑꽃 새겨놓고
꽃 피고 나비 나는 좋은 시절
매정하게 저만 홀로 남겨놓고
무정하게 떠나시나요
그리운 님이시어
내 속도 모르는 봄이 오면
무정한 당신 떠날 것을 알지만
이제나 저제나 부여잡지 못하는 일편단심
이내 심정 저 달은 알까
무심한 세월만 이리 가는데
무정하고 야속하오

김삿갓

간밤 무서리가
하얗게 내려앉았는데
노 시인은 죽어서도
사람들 불러 모으는 재주가 참으로 용하오이다
마대산 자락에 터 잡고 산 지 어언 이백년
호시절 도포자락 휘저으시며 걷던 그 길…
그립지도 아니하오
산천은 유구한데 인걸은 간 곳 없다 하였거늘
죽어서도 산 정승 못지 않으니
이 어찌 부러움이 없지 않으리오
만고에 시름 털어내고 청산에 집 짓고
문턱이 닳도록 드나드는 이 많으니
노시인에 입이 귀에 걸린 듯
호탕한 그 웃음소리
와석골이 떠나갈 듯
호탕하오이다 그려…

오월 단오가 오면

이른 새벽 장독대 위에
정화수 한 그릇 모셔놓고 치성 드리던
우리 어머니 곱게 빗은 검은 머리가
어느새 하얀 백발이요
정지 부뚜막에 매일 아침 정성으로
올리던 정화수가 어이 오늘 보이질 않는가요
가을 오면 기러기 편에 그리움을 전할까
계절은 속절없이 오고 갔는데
뉘인들 알까 어머님 소식을
세월 따라 길 떠나실 적
삼베 적삼은 챙겨 입고 가셨소
오월 단오 오면은 창포잎
푸른 강가에 앉아서
노란 꽃잎이 서러워 웁니다

나윤선

경기도 강화 출생
월간 ≪한맥문학≫ 시부문 시인상 등단
한국방송통신대학교 국어국문학과 전공
한국방송작가협회 수료
한국서정문학인협회 회원
타래시동인회 회원
공저 『동행의 노래』 등 다수
E-mail : skg8986@naver.com

행복 외 5편

나 윤 선

무엇을 해야 하는 것일까
행복은 가만히 있는 것일까

성공을 했어도 행복은 아니야
늘 바쁘게 헤매어도
행복은 찾을 수가 없지

다만 행복은
내가 행복하다고 느끼면
그것이 행복일 거야

난 항상 행복하다고 생각하고 사니
정말 행복한 사람이야
아, 행복하다
정말 행복하다

하얀 세상 하나 만들듯이

눈이 내려 하얀 세상
적막이 넘치는 시간
너무나 쓸쓸하여
하나씩 버려서 지닌 하얀 마음
바람이 눈 묻은 나뭇가지 떨어내듯이
더러운 세상 털어버리고
말없이 아주 깨끗한
하얀 세상 하나 만들듯이
도망간 여우 다시 오게 만들듯이
정말로 그래야 좋은 세상이야

길

서로의 갈림길
바라다보며
저쪽으로 가면
어떤 인생이 펼쳐질까
길 위에 길을 내고
그 길을 다시 걸어가던
갈림길에서 헤매다
어느덧 인생의
뒤안길에서
백발이 되어버렸네
길속의 길

커피 한 잔

향긋한 커피 한 잔
식탁 위에 놓고 바라보면서
내 추억 텅 비어 있더라도
그것이 사랑이라는
인식의 방식이라는 것을 안다

그대를 생각할 때면
혼자 흔들리던 그네처럼
내 마음 허공 속으로
추억조차 이슬처럼 사라질까 싶어
허공을 한아름 안고
가만히 그리움을 견디는 추억은
언제나 잊지 못하는
기다림의 향수인가 보다

세월

해마다
묵은 향수를 가셔내면
마른 목젖 울려주던 세월
아무런 꾸밈없이 가버리네
그리운 유년은
언덕길에 장식된
한 다발 야생화로 자라고
땅거미에 쫓겨 오던 시간 위에
벌써 흰머리뿐이다
바람 한 점 없는 날
새가 날아가도 흔적은 없듯이
그 여운 고스란히 견뎌내면서
조금도 흔들리지 않으려고
소리 없이 가는 세월
날이 갈수록 세월은 가벼워지네

고래가 되고 싶어

넓고 넓은 바다
마음껏 헤엄치고 고래가 되어보니
끊어질 듯 이어지는 파도들과
해안을 이은 다도해를 누비며
너무나 오래도록 외로웠기에
숨결의 물줄기 뿌려
적막어린 바다의 분수가 되어요
가둬지지 않는 고통 이겨내며
위로 솟아오르는 그 물살
넓은 바다가 모두 집으로 알고
망망대해를 가르는 하얀 파도
그 사이 넘나드는 원대한 항로
이 세상이 조금도 부럽지 않은
나도 이제 고래가 되고 싶어요

박 정 구

1995년 ≪문학과의식≫으로 등단
한국문인협회 회원. 고양문인협회 회장 역임. 고양예총회장 역임
원당신협 이사장 역임. 고양문화재단 대표이사 역임
한하운문학상 본상, 경기문학상 본상 수상
시집 『떠도는 섬』, 『섬 같은 산이 되어』, 『아내의 섬』
『오늘은 제가 그리움을 빌려야겠습니다』
수필집 『설악에서 한라까지』(상하), 『백두가 한라에게』
산문집 『푸성귀 발전소』

E-mail : pjg6288@hanmail.net

살얼음 외 5편

박 정 구

가을 끝에서 겨울로 가는 길목에
살얼음이 얼었습니다

여름 내내 물을 담았던 밭귀 물항아리
항아리 속을 들여다보니 살아온 삶이
오롯이 담겨있습니다

몇 번의 살얼음판을 걸어왔을까
가만히 뒤돌아봅니다

항아리 속에는 하늘이 담겨있고
세상이 놓여 있고
그리고
기쁨과 슬픔이 흩어져 있습니다

항아리 속을 들여다보니 온통 살얼음판
끝내,
세상도
어머니 가신 하늘 길도 푸르게 얼었습니다

친구를 그리워하며

친구야, 이름 부르면 행여나 대답해줄까 귀를 모아본다 네 고향은 바람이 불던 곳, 사시사철 불어오는 바람은 네 고향을 불러 모았고 흔적도 없이 사라지는 바람 따라 역마처럼 쏘다니더니 이제 네가 쉬는 곳은 파주시 광탄면 용미리 후미진 산기슭이구나

친구야, 갯바람이 동반한 것은 늘 싱싱한 바다였지만 젊은 모래사장과 앙칼지게 달려들던 파도도 있었지. 그 파도 위에 여지없이 달빛을 눕히고 밤새 헐떡이던 옛날의 저 바다를 왜 외면하고 마느냐

친구야, 누이가 그립다던 친구야 진도군 조도면 가사도리 아직도 그곳에는 머물지 못한 갯바람과 출렁이던 파도가 있겠지 목소리 큰 누이의 눈에도 눈물이 고이고 네 생각이 난다며 몰래 등을 돌리던 어깨 위로 허연 갈매기 똥만 세월의 두께로 쌓이더구나

피고 지다

핀다
봄에 돋아난 새싹이
담장너머 목련꽃이
가엾은 호박꽃도

진다
눈 부라리던 포플러가
주먹을 휘두르던 은행잎이
김준태 시인의 감꽃도

또 뜬다
새벽 여명을 뚫고 해가
밤하늘 총총한 별빛 속 달이
인천공항 비행기도

진다
이른 봄 벚꽃이
노을 속으로 태양이
벽보 속 찬란한 이름들도

<
새롭게
피고 지다

달맞이꽃

해질녘
뭍에 나간 오빠가 돌아온다던 날
소신포 잔등에 올라 뱃고동을 기다렸다
섬 몇,
갯바람처럼 종선에 내려놓고
회항하는 배 뒷전에
포말로 부서지는 파도만 남았다
어둠이 짙어질수록 달은 높이 차오르고
기다림이 길수록 마음만 깊었다

부고

작은 화분에
부고장이 꽂혀 있습니다
붉은 열매가 제 몸을 흔들며
곡소리를 냅니다
슬픔보다 먼저 흔들리는 이파리,
세상은 넓어도 삶의 터전은 좁았습니다

계절이 바뀌는데도
구십 오세 생이 이렇게 평온합니다
노랗게 물든 세상 끝에서
붉게 익어가는 단풍나무
청명한 가을 하늘에 만장을 내겁니다

산수유

산수유꽃 노랗게 피던
이른 봄날
송이송이
산천을 흔들어 깨우는 소리

산수유 열매 빨갛게 맺은
늦은 가을
알알이
하늘도 감동한 붉은 그리움

백 경 연

서울 출생
아호는 새품
한국서정문학회 회원
서정문학 편집위원
타래시동인회 회원
≪경의선문학≫ 「눈물이 온다」로 신인상 등단
문산수억고등학교 운영위원회 부위원장
공저 『다시 보는 세상』, 『꽃은 울지 않는다』, 『서정문학』 14호

아침의 아름다움 외 5편

백 경 연

아침이 열렸다
평온한 아침 내주어
고맙고 감사하다
웅크렸던 어제의 세상 버리고
지금 여기 이 시간에
아름답구나
찰나의 태양의 빛
신께 빌려옴을 깨닫는 날이다

무(無)

우리를 짓누르는 현실
아픔이 아무것도 아니기를
숨 막혀 오는 암흑에
낡은 다리 걸음이
사랑의 발걸음으로 나아가길
눈물의 빙산이
조각조각 되어
휘날려 가기를
아무 것도 아무 것도
아니기를 바라며

순간

매일 살아가는 일
흐트러짐이 없도록
안성맞춤 기쁨을
그대로의 그것들
마음에 품 너그러이 담아
당신께 드릴 수 있길 바라며…

기다림

밤이 깊어질수록
쓸쓸한 달빛 아래
어두운 영혼 뒤편에 숨겨
다가올 사랑 위해
꽃 강 하늘에게
미리 일러두어
그 사랑 이루어달라고
살짝 귀띔하련다

장미의 삶

장미의 향으로
진실의 영혼
시들지 않은 햇살 따라
찬란히 자유의 나날들
나와 영원히
함께 하리라

진심

꿈꾸는 소년의
마음으로
행복을 포개어본다
기쁨 시간 속에
장난치며, 소박한 웃음
내밀며, 네 전부를 담아
평화와 사랑이 있는
영혼의 나라에서
양지의 따뜻함 느끼며
잘 살자구나

봉순희

아호는 가향(佳香)
2011년 ≪창조문학≫ 시 등단
한국문인협회 회원
은평문인협회 이사
창조문학 운영이사
한여울문학회 운영위원
소우주시 회원
문학공원 동인
타래시동회 회원
시집 『봄이 오고 있잖아요』, 『생의 한 줌』
공저 『한여울의 맑은 꽃』, 『소우주시회 사화집』, 『독도사랑』,
『꽃은 울지 않는다』, 『뉘앙스』

새벽종 울리는 그날까지 외 5편

봉 순 희

봄의 대지에
한 송이 꽃을 피워낸 우리
파이팅 넘치는 짙푸른 정글에서
찬란하게 빛나는 옷을 입고
축배까지 들었는데
이제는 어깨가 시리다

찬서리 내려
낙엽 뒹구는 황량한 벌판에서
마른 풀잎에
남루한 담요한 장을 걸치고

새벽 종 울리는
그날까지
그날까지

긴 꿈을 꾸고 있는
풀뿌리의 작은 발가락들

순간의 꽃

봄비가 내립니다
내 마음의 초롱에 물을 받아
말라비틀어진
기억의 뜰에 물을 줍니다

시간은 무던히 흘러갔고
이 봄날 먼 산에 나무들이
겹겹이 껴입은 겨울외투를 벗겨냅니다
내 기억의 창고에도
새싹들이 파릇하게 돋아납니다

하늘도 푸르렀던 날
불타는 청춘의 광장에서 뒹굴던
내 삶의 뒤안길에
붉은 피가 솟구칩니다
시원하게 소나기 한 줄기도 내립니다

그리움은 고개를 들고
순간의 꽃으로 피어납니다

너는 얼굴 없는 화가다

사랑스런 바람일까
사랑꾼 햇살일까

발가벗은 가지에
노랑 빨강 하얀
연둣빛 물감 풀어 봄을 그리는

그대는 서투른 화가
저 산등성이 빈 도화지에
어설프게 색칠해도
아리따움은 피어나네

향기에 취하였네
한 잔 술에 취하였네
어느새 지는 꽃잎 밟고 가네
아, 봄은 덧없어라

봄 그래서
너는 얼굴 없는 화가다

풀꽃들의 저항

침묵을 깨운다
새날
새 광명을 위해

지난겨울
저 차가운 독재 앞에
꽁꽁 묶인 손발이다

어둠을 뚫고
예서제서 들려오는
봄의 호루라기소리
피어나는 연록의 깃발

자, 태우자
저 누더기 같은 검불 옷을
순간 온 산천으로 번지는 꽃불
풀꽃들의 푸른 함성

내 마음의 기찻길에

눈이 내립니다
내 마음의 기찻길에

잿빛 스카프를 목에 두른 그녀는
그리움이 하얗게 머문
그 정거장으로
안개의 창을 열고 달려갑니다

흐느적거리는 종이컵
피어오르는 커피향기
문득문득 스쳐가는 흐릿한 기억들과 함께
거친 세월의 바람이 싣고 떠나 가버린
그 사랑의 철길에
다시 군불을 지피고 싶습니다

이 땅에 잠시 머물다가는
인생의 여정
보랏빛 향기가 머문 그곳에
눈이 내립니다

<

그 추억의 잎사귀를 덮는 듯
내 마음의 기찻길에

먹구름의 소망

하얀 물비늘을 일으키고 싶다
내 영혼의 하늘바다에

욕망으로 찌든
육신의 검은 찌꺼기를
천둥의 굉음으로
찰나의 불꽃으로
산산이 깨뜨리고 싶다

그래서
내 영혼의 맑은 호수에
키우고 싶은
청둥오리 한 마리

서정부(徐正芙)

경남 고성 출생.
시인, 수필가, 칼럼니스트
필명은 동백꽃, 아호는 병산(屛山)
한국문인협회 한국문학관건립위원
한국영상문학협회 부회장 · 사무처장
청송시인회 이사.
한국SGI문학부 회원, 세계평화문화교육 활동 중
고양문인협회 회원, 한국영화학교밀짚모자 회원.
타래시동인회 회원.
재경고성문인협회 초대 사무국장
E-mail: sjb2243@naver.com

새로운 시작 외 5편

서 정 부

새아침 눈을 뜨면
내가 좋아하는 일 하자

지난 추억 속에
상큼하고 멋진 것만
되새기며 미소 짓고 걷자

또다시 주어진
최고의 선물 오늘 하루도
참 알차고 소중하게 쓰자

날마다
무에서 유를 창조하면서
더욱 맑고 명랑하게 살자!

상처 난 꽃

삶의 아픔과 우여곡절 뒤
찾아온 사랑과 행복은
더없이 값지고 아름답다

거듭 실패 후 맞이한 성공
더욱더 빛이 나고
잘 다듬어진 보석이 되지만
쉽게 얻은 명성 부귀영화
쉽게 퇴색하게 마련이더라

눈물 젖은 밥 먹어보지 못한 사람
따뜻한 밥 한 수저 고마움 모르지만
눈물 젖은 밥 먹어본 사람은
곡식의 귀중함을 알더이다

아픔 갈등 고뇌 속에 얻은
상처 난 사랑의 꽃은
향기가 오래오래 지속되며
세상에 아름답게 빛을 밝힙니다

서로 사랑할 날

아프지 않고 마음 졸이지 않으며
슬픔 없이 살아갈 날 얼마나 남았을까

온다던 사람 영영 오시지 않고
온종일 모퉁이 큰길만 바라다보네

미워하거나 성내지 않으며
외로움에 지치지 않고 밝게 웃으며
지낼 날이 얼마나 될까나

까닭 모를 눈물만 자꾸자꾸 흐르는 밤
두 갈래 갈림길에 서서 하염없이 하늘만 보네

못 잊을 얄미운 사람

잔잔한 가슴에 억센 자갈 한 트럭
쏟아놓고 무정하게 가고 있는 너
깡마른 갈대밭 영혼 뿌리에
황소 횃불 싸지르고 바람처럼 사라진 넌

활활 불타는 날 몰라라
소방차 두 바퀴 모질게 끌어안고
뜀박질치며 행방 감추느냐

숯검정 육신 울며 절며
이리저리 정처 없이 세상을 헤매는데
무심하게 떠난 사람아 여태 소식조차 없냐

임 닮은 보름달아

친근하게 다가온 환한 달아
기쁜 소식 한 아름 품고서 왔나 보네

보고파 타고 또 타서
숯검정이 되어버린 나의 가슴
알기는 하는지 무심한 세월
숨 가쁘게 빠르게도 가네 그려

달아 눈부신 보름달아
내 마음 네 편에
속삭속삭 보내려 하니
이 밤새 휘휘 내달려
꿈에도 못 잊을 촉촉한 내 사랑
참한 그이에게 광속으로 전해다오

숨이 찬 나날

삼복 무더위 속
열대야까지 심통 부려
생명 리듬 깨진 일상

변형 괴질병 노략질
쉼 없이 연이어지니
입 코 막고 지내온 지 얼마인가

다 숨차고 기막힌 세상
생지옥 끝은 어디쯤이뇨
반겨 만날 그날이 그립다

신다회

아호는 채운
시인, 시낭송가, 동화구연가, Creative Arts Theapist, Poetry Therapist.
≪문학과 현실≫ 등단
한국문인협회 은평지부 사무차장
국제PEN한국본부 대외교류이사
시화동화로 꽃피는세상 회장
타래시동인회 회장
2019년 제1회 한국시니어시낭송대회 주회
자랑스런한국인 시낭송발전 최우수대상
자연환경예술 문학 대상 수상
제16회 천등문학 한국시낭송가 대상
『신다회 시인 시낭송』 CD 출시
『꽃으로 피는 시』 신다회 시낭송 2집 발행
E-mail : edustory@hanmail.net

행복을 실은 자전거 외 5편

신 다 회

어서 오세요
어떻게 오셨나요
행복을 만나러 왔어요
망초꽃은 하얀 미소 한 다발
자전거에 실어줍니다
신바람난 자전거
페달에 묻어온 외로움
툭툭 털어냅니다
따르릉따르릉
울퉁불퉁 자갈길
어둡고 긴 터널
이젠 문제 없어요
노란 달맞이꽃들을 보고
기다리는 법을 배웠거든요
공릉천 물그림자
이야기 끝날 즈음
바람이 말합니다
행복한 자전거가 지나갑니다
불행은 모두 비켜주세요
따릉따릉

8월의 슬픈 일기

맴맴맴
매미소리로
아침 배를 채웠다
온종일 소식이라곤
코로나19 중대본과 일일 확진자수를 알리는
휴대폰 알람소리뿐이다
저녁은 여지없이
귀뚤귀뚤
귀뚜라미 노래로
배를 채웠다
오늘도
바이러스를
온몸으로 방어한 마스크는
비참한 삶을 마감했다
밤하늘 반짝이는 별빛만이
슬픈 하루를 위로하고
8월 내내 똑같은 일기를 쓰고 있다

그리움의 꽃이 피었습니다

그대를 보며
기다리는 법을 배웠습니다
가을이 오면
그리움은
활활 타올라
화상을 입었고
겨울바람 불어오면
서걱서걱 울다
봄 햇살에 얼굴 녹입니다
참회 눈물이
거미줄에 대롱대롱 매달려
여름비로 흘러내릴 때
하루해를 삼키고
기다림은 노란 미소로
달빛에게 주술을 겁니다
아프신 어머니
어머니
우리 어머니
달님 등에 꼭 업혀주세요

저는 달바라기
달맞이꽃이 되겠습니다

벌레들의 위험한 외출

코스모스 미소로
가을이 춤추는 날
메뚜기 방아깨비 사마귀가
자전거 길에서
쿵덕쿵덕 두리번두리번
온몸을 곧추세우며 떨고 있다
죽음과 삶의
갈림길임을 아는 듯
희망 만나러 가요
저는 사랑 찾으러 나왔어요
향기로운 꽃밭으로 이사가려고요
이 길은 위험하단다
서둘러 집으로 돌아가렴
희망 사랑 향기가
풀숲에 숨어 있단다
고추잠자리들은
빙빙빙 편지를 쓰고
하늘 대자보는 가을바람에 펄럭이고 있다

To : 사람들께

벌레님들이 자전거 바퀴에 깔려 죽는 위험한 사고가 많으니 각별히 조심하시길 바랍니다.

- 어느 가을날에 -

하늘 위에서 고추잠자리 씀

소망의 기도

지혜의 창을 열어주소서
오지랖에 들어있는
오만과 참견을 마시고
분별하지 못한 채
삶의 소중한 시간을 낭비했습니다
미래를 볼 수 있는
혜안을 주소서

희망의 열쇠를 주소서 두렵습니다
건강을 돌보지 못하고
나 자신을 방관했습니다
어리석음을 용서하시고
병마를 이겨내는 치유의 뜰에
힘과 용기가 자라게 하소서

배려의 꽃을 피게 하소서
들풀처럼 살아 숨 쉬는
미움 원망 의심 바이러스는
이해의 강에 버리겠습니다

사랑이란 돛을 달고
행복바다를 항해하게 하소서

당신의 꽃 해바라기

님
숭배
불치병
일편단심
노란 미소
하늘바라기
그리움의 키
아름다운 동경
뗄 수 없는 인연
변하지 않는 순정
감출 수 없는 애모
영혼 불멸의 자존감
떠날 수 없는 맘 자리
세상에서 가장 큰 존경
까맣게 타 들어간 애간장
아누와 가이아 위대한 사랑
사
랑
꽃

* 아누: 하늘의 신
* 가이아 : 땅의 신

안희영

(사) 즐거운눈빛 대표
(사) 예지원 예절교육 강사
중부대학교 일반대학원 자연치유문화학과 졸업
동국대학교, 중부대학교 평생교육원 詩낭송인문학강사
저서 『예절교본』 훈민출판사
『다도교본』 훈민출판사
E-mail : ba2930@naver.com

퍼즐 친구 외 5편

안 희 영

어젯밤 내가 허우적이며 달려온
길들이 흩어져 있습니다
그녀의 얼굴도 그녀의 이름도
깨어진 채 엎드려 있습니다
나는 조각 하나를 들고
꿈속에서 스쳐온 길들을
물어물어 떠올리다가
가만히 잠들고 맙니다

서랍

서랍이 열리면 해가 차오르고
서랍이 닫히면 달이 뜨는 줄 알았습니다
서랍을 열고 그대는 갔습니다
텅 빈 서랍 안에서 그대는 안 보이고
검은 장미가 피었습니다
백송이 장미를 들고
그대 이름 불러봅니다
목이 아프게 그대 부르던 목소리가
동그랗게 되돌아옵니다
산에서 살다가 내려온 메아리입니다
그대는 내 마음의 서랍 안에서
햇살로 비치다가
어스름 달빛으로 서성이다가 갑니다

세탁기 속에 나

하얀 가루와 푸른색
또는 분홍색 가루가 섞여 있는
마법의 가루를 품에 안고 돈다
물이 상큼하게 한가득
세탁기 통속에 물소리를 내면서 거침없이 쏟아진다
좌로 굴러 우로
굴러 앞으로 취침 뒤로 취침
물과 함께 돌아간다
일정량의 물이 빠져나가고 물이 다시 채워진다
허기진 기억 속에 다시 채워지며 생각들이 돌고 돈다
이리저리 부딪히다가 아픈 마음도 깨끗하게
둥글게 돌다 사라진다
세제가 나에 머리끝에서 발끝까지
모공 깊은 곳 손끝이 닿지 않는 곳까지 파고든다
나, 세상 속으로 다시 태어난 거야!

프레임

살아가는 동안에
누구나 틀을 만든다
경계를 두른다
그러다 자기만의 프레임을 인정한다
그것이 세상을 보는 눈빛이다
앵글이다
한 생을 풀어가는 방정식이다
세상을 읽고 쓰는 방식은
저마다 자유롭고 아름답다
내가 그대에게 가 닿으면
또 다른 하나의 프레임에 서로를 가둔다
오늘 아침에 나는
옷걸이에 나 만의 프레임을 걸어두고
출근을 했다

해변을 걷다

그대만 그리다 활처럼 굽은
기다란 해변가를 홀로 아무생각 없이 처량하게 걷는 느낌
파도 따라 오는 듯하다가
그대는 파도처럼 금세사라지는 것 같다
마음을 열어 보이는 듯하다가
다시 다치는 듯한 느낌
걷고 걸어도 그대만 생각난다
홀로 걸을 때는 파도가 재잘거리며 따라왔다
잔물결이 되고 파도만 내 마음을 아는 듯
뒤돌아보면 저만치 뒷걸음질친다
내 마음도 잔잔한 물결 위를 걷다가
푸른 바닷가 해송을 만나 그대를 안아본다

쓰러진 나무

깊은 산 산자락엔 위로만 오르듯 유영하는
나무들 사이에 초록의 장벽에 막혀 쓰러진 나무 한 그루
뿌리마저 뽑혔으니 숲을 자유롭게 움직일 수 있을 것
같았지만 쓰러진 나무는 더 이상 움직일 수가 없다
얼마나 가벼워져야 그 누군가 가져가서 장작으로
쓸까마는 한번은 불태우는 장작이 되어 생을
불꽃으로 꽃피워 하늘을 오를까
쓰러진 나무는 기나긴 세월의 시린 시간 속에서
부처님처럼 자신의 생각들을
하나하나 지울 수 있을까

이 다 정

서울대 농업생명 CMS ELP수료
다온문예 신인작품상 수상 등단
다온문예문학상 대상 수상
한국문인협회 회원
타래시동인회 회원
민주평화통일 자문회의 자문위원
대한체육직장인스포츠댄스 이사
가요앨범 2집 발표
E-mail : sukhun6752@daum.net

행복의 꽃 외 5편

이 다 정

해바라기꽃처럼
둥근 마음으로
친목 사랑 감사
하늘에 멋진 해님
내 마음 어느 깊이에서도
한 알의 작은 꽃씨로 모인
고이 여물어 가는 우리 가족
사랑하는 것은
행복의 꽃을 피우는 일이다

모자란 여유 속에
사랑으로 숨 쉬며
꽃들이 따라 웃는 듯
서로의 입김이 물들어
하나로 엉켜지는 가족
슬플 때도 서로 행복을 꽃피어
서러운 마음을 향기로 씻는 일이다

생(生)의 얼굴은 촘촘한 그물 같아서

조그만 일에도 마음이 상하도록
몸이 끌고 다니다가 벗어놓은 세월이지만
행복한 마음 꽃으로 피워놓으면
영원한 빛
평온 안에 가족이란
삶의 외로움 나누는 것만으로도
행복의 꽃을 피워 바라보는 일이다

가을이 흔들린다

유리창을 통해
적막한 밤하늘 바라보면
세찬 바람이 흐느끼고
가을 감잎 물든 지친 해는
석양은 한강에 물들이고
눈이 내리기 재촉하듯
서산에 기우는데
네 몸속에 핀 들국화 위로
저 머나먼 절정에서 멈추는 바람들
이 세상 시간 밖으로
누구를 보내는 것이냐

울긋불긋 아름답던 단풍잎
지난날의 그리움 안고
갈바람 껴안으며
나부끼듯 몸부림치고
빈 나뭇가지 떠는데

어찌 가랑잎은 몸속으로 날아들어
바람이 되고 싶은 걸까요

새벽 이야기

새초롬한 새벽이
밝아와 살며시
창을 두드리고

햇살은
뽀얀 모습으로
내 눈을 간지럽힌다

꽃밭에 핀 맨드라미
새벽이슬로
얼굴을 씻고

밤을 지새운
냇물은 지치지도 않고
졸졸졸 흐른다

어느새 시원한 바람이
새벽안개를
걷어 올리니

<
눈부시도록
곱디곱게
세상이 활짝 열리네

당신

늘 마르지 않는

향기로운 꽃 당신의 마음입니다
매일 아침 꽃에 물을 주는 내 마음이
꽃잎처럼 예쁘다시며 볼에 키스해주시던 당신
세월이 가고 또 그렇게 낙엽이 진다고 해도
우리 사랑의 꽃 시들지 않도록
향기로운 행복만 주시어요

해바라기

해를 따라가는
해바라기꽃

여름날 따사로운
햇살이 어루만져
피어난 꽃잎 속에
당신 그리는 맘
노랗게 물들어있네

커다란 얼굴에
검은 꽃씨 머금고
고개 숙인 널 보면
저 멀리 떠난 임이
오기를 기원하는
한줄기 애달픔이
솟구쳐온다

사랑초

처음에 토끼풀로 알고
화분에 심어놓은 사랑초
무향 무색의 잃어버린 사랑 찾아
수줍음 어린 분홍빛 꽃망울
서로 기대어
가느다란 줄기 올려
아름다운 사랑 가르쳐주려
네 안에 꽃으로 피었구나
홀로 가는 사랑이 외롭지 않은 것은
사랑을 잊지 않기 때문일까

조홍래

1987년 동국대학교 국문과 중퇴
1999년~2008년 벤처사업
2009년~2018년 학원프렌차이즈사업
2019년~현 양동이 대표
≪문학고을≫ 시부문 신인작품상 수상 등단
≪한국작가≫ 시부문 신인작품상 수상 등단
현재 ≪문학고을≫ 자문위원
E-mail : chodalsa@daum.net

잃어버린 고향 외 5편

조 홍 래

논과 밭 툭 트인
냇가 낀 고향집 옆
논두렁 물오리 넘나들고

개구리 풍요한 햇살
농부 밭길 따라 선 그어
밭두렁 긴 부리 백로
헤집고 다닌다

소나무 군락 서서히
백로 오물에 죽어가고
주인 잃은 무덤가 사라져
날짐승이 터를 잡는다

녹색 유혹하는
파릇한 건물의 새싹
신도시 대신하고
인간은 괴물이 되었다

미동도 없이
눈빛 떨군 채 쪼그려 앉아
쉼터 살아진 지친 울음소리
건물 사이사이 집 잃어
도시 뿌연 흙먼지 덮은
백조의 도도함은 사라졌고

맑은 물 송사리
퍼덕이는 은빛 춤
긴 부리 늘려 쪼고
물 위 날갯짓 씻어낼 하루
어스레한 달빛 그리움만
묻어온다

울릉도에서

독도 바다사자 엎드린
갈색 대나무 잎 치장한 죽도
동해바람 갈매기
거친 파도 쉬어간다

옥황상제 노여움
하늘에 닿을 듯 돌기둥 세운
세 선녀 삼선암
석양에 물든 촛대바위
일몰 속 푸른 물빛
시선을 담고
토종섬 지키는 토종새
깍새 무리도
쉬어 잠드는 관음도
뱃길 따라 갈매기 울음소리
손님을 맞는다

잡풀만 무성한 외딴집
햇볕이 스미는 척박한 토양

해안가 낭떠러지 가파른
절사면 몸을 기댄 채
꽃대 하나
초롱초롱 달린
섬초롱꽃

손닿지 않는 절벽
몸 움츠리듯 낯선 두려움
살며시 부끄러움 고개 든
흰 붉은색 수줍음
양지바른 장독대
반쯤 기댄 무심한 기다림
섬초롱꽃 닮은 할머니
대문 앞 초롱불 밝혀
외지 나간 아들
갯바위 밀려드는 그리움
흰색에 붉은 세월을 찍는다

환생

속눈썹 유난히 긴
회색빛 곱상한 강아지
고양이 같은 경계심
검은 눈동자에 스며든
불안함 가득하다

꼬리가 늘어진
짖지도 끙끙거리지도
낯선 두려움에 느끼는
초조함일까

방금 퇴원한 환자처럼
호기심과 욕구도
저승에 두고 온 미련이
개로 태어난 환생만
생각하는 듯
눈동자가 비어있다

그녀를 만났을 때

떨군 시선 떨리는 음성은
이승에서 저승
생명을 잇는 희망의 끝

수줍은 미소는
더 살아야 할 나이에
간절함을 아는 것일까
멈추고 싶은 고통
다른 모습으로 환생하였나
행복해보였다

장미꽃 이타적 사랑

화성에서 온 남자
금성에서 온 여자
비 온 날 뭉게구름처럼
호수에 떠도는
물제비 같은 안개꽃
사색의 향 깊어가고

불행을 부둥켜안고
눈물에 매달렸던 사랑의 끝
자아 복제 진화는
이기적 욕망

분홍빛 화사함과
붉은 꽃망울에 맺힌
장미꽃 열정적 매혹은
보름달 호수에 흔들리는
붉게 물든 슬픈 자화상
사랑을 받고 싶은
이타적 몸부림

<

고요한 숨소리
바람소리까지 찾아오는
외줄에 매어진 연극무대
목각인형 사랑의 연출은
상영 중이다

프랑스 여인, 샤도네이

그녀를 만났을 때
초록 과일 같은 상쾌함
청포도처럼 싱긋한 이슬은
몽마르트르 언덕
예술가의 청아한 목소리
은빛 햇살에 물들어 있었습니다

달콤한 멜론향
촉촉함이 다가왔을 때
출렁이는 거친 숨소리
오렌지색 풍랑은
가슴을 휘돌아버렸고
태양에 숨을 고르는 푸른 초원
노랗게 물든 레몬 향기는
황금빛 앙금으로 남았습니다

초록의 물방울
금빛 지평선에 묻어오는
탱글거리는 눈동자

산뜻한 파도는
순백의 여인

시간을 멈춘
갈증의 짙은 외로움
도르도뉴강 낙엽처럼 뿌려졌습니다

* 샤도네이 : 화이트와인

물고기

산허리를 둘러싼
어머니 치마폭 같은 안개
신비에 익어가는 무리들
때론 거칠게 때론 우아하게
너와 난 험난한 길
산행에 보조를 맞추며
거슬러 올랐지

난 산신령이 옮겨놓은
은빛 구름바위에
선녀가 마중 나와
소원을 들어 줄

넌 앞만 보았지
시작 같은 끝만 있을 뿐
계곡의 찬란한 만찬
만남부터 다른 오르막
하지만 동질감 같은
느낌은 있었지

월계관 같은 태양
산비탈 바위를 넘어
침실 같은 그늘진 낙엽을
만났을 때도

천국의 바람에 실려 온
신의 생명은
이슬이 단풍에 젖어
내 영혼에 물들였고
낙엽에 걸터앉아
넌 행복을 물에 풀었지

안개가 걷히고
막다른 평지가 보일 때쯤
우린 눈을 마주쳤지
잔잔한 물보라만 휘돌아
그는 구름바위를 타고
나를 떠났지

최국희(崔菊熙)

아호는 아인(雅仁)
경기 용인 출생
≪창조문학≫ 시 등단 (2012)
한여울문학회 회원
타래시동인회 회원
비단산 문화축제 백일장 심사
불광천 페스티벌 시 낭송회 참가
한국문인협회 서울 은평지부 백일장 수상
동인지 『한 여울의 맑은 꽃』, 『꽃은 울지 않는다』
『은평문예』 작품수록

E-mail : cookie910@hanmail.net

문(門)을 지나면서 외 9편

최 국 희

까마득하다
청사초롱 불 밝히며
인연의 문턱을 함께 넘어서던
풋풋하던 그 시절

그렇게
우리는 시작했다
그 인생항로(人生航路)에서
많은 시행착오(試行錯誤)가 있었지

문짝이 부서져라
문 열고
힘없이 무너진
문을 닫고

노을에 익어
결 고운
은빛 갈대 한 쌍
다정히 손잡는다

봄비

"토닥토닥"
마음을 두드리는
정겨운 소리

노랑 꽃잎 위에 은구슬은
새벽별을 닮아
수정처럼 빛난다

"또르륵"
귓가의 맑은소리

영혼을 깨운다
마음이 흔들린다
아…, 산천이 흔들린다

어머니 · 2

연 날리던 그날
눈 쌓인 하얀 언덕에서
비상하는 연을 따라
하늘로 오르시었던 어머니

이 밤
달맞이 행사에 나들이 오셨나요
달집 태우는 불꽃을 바라보시며
어린 딸 손 잡고
기도하시던 어머니

하늘의 셈법은
이곳과는 달라선가요
환갑의 나이만큼은
덜어내고 오셨는지요

젊은 날
정갈하시고
단아하셨던
생전의 모습 그대로이셨어요

<

세월은 흐르고
나도 흘러흘러
당신보다 더 나이든 이 딸

중천에 뜬
달님을 우러러
어머니 안부를 묻습니다

당신을 애타게 그리나이다
어머니!
어머니!

소리 없는 함성

- 벚꽃이 지던 날

간밤
비바람 불고 요동(搖動)을 치더니
은하계가 잠시 길을 잃었나
하얀 별자리가 눈앞에 펼쳐있고
나는 천상 세계에 서 있는 듯하다

떨어져 누운 꽃 더미 위로
밤새 이슬이 내려앉고
새벽달도 쉬어 갔는지
희디흰 흔적 아스라하다

그대 들었는가
소리 없는
저 함성(喊聲)을

사람들은
귀먹고
눈멀고
마음의 빗장도 닫았다

<

낙화인들 꽃이 아니더냐
누운 꽃잎 사이로
별꽃이 반짝이고
오색 무지개 눈에 밟힌다

몸살을 앓고 있다

찬바람이 들락거린다
곳곳에
숭숭 뚫린 구멍으로

꽁꽁 얼어붙은 마음
몸은 웅송그리고
뼛골은 시리고 아프다

염천(炎天)에
추위 타령이라니
이 무슨 날벼락인가요

우주가 온통 몸살을 앓고 있다

감

올가을 우리 집엔 감 풍년이 들었다
가지울* 감나무를 통째로 옮겨온 듯

무시로 따먹고 있다
몽실몽실한 그 연시

다섯 살 손주 녀석 숟갈로 떠먹이면
턱밑에 바짝 앉아 사탕보다 맛있단다

꾸울걱 넘기는 소리
내 입에도 군침 돈다

노을에 익었는지 달빛을 먹었는지
떫은맛 달콤한 맛 노을빛 언니 마음

다 주고 등걸만 남은
다함없는 그 사랑이여!

* 가지울 : 경기도 광주시 삼동에 있는 마을 이름

꽃에 물주는 아저씨

이글거리던 태양이
힘을 잃은 저녁나절이면
킥보드를 타고 아파트 마당을 달린다

씽씽 달리던 손주
한 바퀴 돌아 내 앞에 오더니
이천 원을 내민다

할머니
아저씨가 주셨어요
아이스크림 사 먹으라고요
꽃에 물 주는 아저씨예요

의아해하며 손주를 따라간다
모퉁이를 돌아가 본즉
화초에 물을 주고 계신 목사님이시다

'아이가 영특해서
작은 추억 하나 만들어주려구요'

<

그날
꽃밭에는 꽃들이 춤추고
마음 밭에 촉촉이 울리는
사랑의 종소리 들었다

소년과 소녀

소년과 소녀가
만났습니다
해바라기 꽃그늘에서

소년과 소녀는
손을 맞잡았습니다
저 푸른 꿈을 향해 함께 가자고

소년과 소녀는
서로의 마음을 아는 듯
말없이 바라봅니다

노을처럼
곱게 물들어가는
두 볼을

소년과 소녀의
해바라기 닮은 둥근 마음에
내 볼도 불그레 고운 물이 드네요

<

한 소년과 소녀가
만났습니다
해바라기 꽃밭에서

사랑

그대
가슴에

아직
내가 살아있나요

나는
당신을 사랑합니다

詩作 노트

어둠을 걸러내며
내 영혼을 세탁(洗濯)한다

산처럼 쌓여 씻어내야 할 허물
비비고 두드리고 헹구어내기를
얼마나 해야 할까

시름은 깊어지고
시간도 얼마 없는데
갑자기 뚝 끊어진 물줄기

목마르다

하정림

부산 출생
월간 ≪한맥문학≫ 시부문 시인상 등단
한국문인협회 회원
고양시문인협회 회원
타래시동인회 사무국장 역임
한국시치료협회 시치료사
노인상담심리사
공저 시집 『가을날의 억새』, 『바람이 있는 풍경』
『호수에 잠든 꽃』 등 다수
시 치료 시집 『라파트리 · 2』 등
E-mail : hajr1004@hanmail.net

보리밭 길 외 5편

하 정 림

마파람 살그머니 부는 날
보리밭길 걸어가면
바람의 꿈들이
여기저기 설렁거리며
일어선다
초록물감이
곱게 베어들어 그려진 풍경
상념의 그리움이 바람소리 되어
보리이삭 흔들며 지나간다

정원이 있는 아침

아름다운 꽃잎 피우려
하루 한 알의 씨앗 뿌려
하늘서 내린 맑은 이슬로 가꾸려
아담한 꽃밭 몇 평 일구어놓습니다
꽃씨 한 알 한 알 깨어나는 아침
우리들 이름을 꽃잎에 새기는 일
우리들 마음을 가슴 위에 새기는 일
우리의 몫으로 꽃빛 남겨놓았으니
해가 찬란하게 떠오르는 아침
마음에 꽃을 활짝 피우려는 마음으로
하늘의 별이 나오기까지
햇살을 정원에 가득 담습니다

붉은 장미를 바라보다

보이지 않는
안개 숲을 헤치면
초가집 토담 위 늘어진 붉은 장미
지난밤에는 잎사귀 무척 푸르고
오는 밤에는 붉은 꽃이 무더기로 핀다
향기 날리는 바람 앞에서도
밤새도록 사랑의 열정이 넘쳐
가시로 서로 몸을 찌르고 또 찔러
마침내 흘린 피가 꽃으로 피는 걸 보려고
너무나 기나긴 세월을 보냈다

허공에 떠돌던 별을 데리고 온 바람 안고
입술 대고 싶은 땅을 찾는 고운 눈 지나고
마침내 나비가 날아간 별의 발자국 좇아
어느 날 잃어버린 향기를 찾아
밤새 뒤척이는 열정 가득 품고 잠든
붉은 장미를 아주 오래 바라보지만
참 알 수가 없다
꽃을 바라보면 열정의 시간이 그리울 뿐

별빛을 바라보며

평소 입던 옷을 입고
이제 나들이 하듯
추억이 휘말려들 듯이
소녀가 되어
하늘 멀리 날아 볼래요
별빛은 구름 사이로
파문 일으키지만
어둠은 아무런 말이 없어요
가만히 귀 대어보면
아직도 그 파닥거리는 별 하나
눈동자 속에서 번지던 별빛이
반짝이는 낱말들 붙잡아
하나하나 팽팽히 휘파람 불어요

네 잎 클로버를 찾아서

가끔 들판에 얼굴 맞대고
기웃거리며
땅에 떨어진
행운을 주우러 다녔네

하늘과 구름과 바람
해와 달과 별
비와 꽃과 새
모두가 살던 곳

푸른 꿈을 내 앞으로
펼쳐 보이던 네 잎 클로버
마음을 끌어내 출렁이게 했지

이제는 내가
누군가의 투명한 마음으로 들어가
넌지시 알려주는 행운의 의미
내 삶의 진정한 기쁨이여!

가을이 오면

꽃이 진 자리마다
팽팽하게 펼쳐진 노을처럼
탐스럽게 매달린 잎사귀
내 마음 안고 곱게 익어가네

사랑스럽게 매달려
붉어가는 처연한 모습은
기도처럼 숙연해 보이는 이 시간

부표처럼 떠도는 뭉게구름
따스한 금빛 햇살
수숫대 위에 올라앉은
고추잠자리가 물고 온 이 가을
여름이 물러난 빈자리에 모인
온통 아름다운 붉은 꿈밭 이루려
가슴에서 일군 햇살 안고
이 세상 모두 갈꽃으로 피어난다

한 승 희

서울 출생
아호는 설연(雪蓮)
시인, 수필가, 문해교육 강사
2016년 ≪에세이문학≫으로 등단
은평문인협회 이사
에세이문학 회원
일현문학회 회원
타래시동인회 사무국장
수필집 『마음을 거닐다』
E-mail : djswpsk1960@hanmail.net

동백 외 5편

한 승 희

살아있는 모든 것이 숨어버린
매서운 겨울에 흐르는 시간

칼끝 같은 바람 속에
가슴속 열정 깨우며
어렵사리 피운 꽃 한 송이
때 이른 기지개에 얼굴을 붉힌다

따스한 마음을 품고
정든 임 기다리다 지쳐 떨어진 자리
눈은 하염없이 내리고
아직도 먼 봄소식

빈집

처마 아래 바람 머물고 봄볕 스며들면
맨바닥에서 기지개켜네

고들빼기 봄까치꽃 광대나물 보는 이 없어도
작은 생명 깨어나네

깨진 항아리에 하얀 꽃잎 날리고
마당 가 동백꽃 울다 지쳤네

녹슨 자물쇠 열어젖히자
큼큼한 엄마 냄새 코끝에 달려드네

해마다 잊지 않고 피어나 성긴 내 마음 쓰다듬는
떨쳐낼 수 없는 온기 심장을 데워주네

선술집 술병

서늘한 네모의 방에
처음처럼 순하리 참이슬…
이름도 예쁜 병들이 목을 길게 빼고 서 있다
어찌 될 운명인지 알지 못해도 불러주길 기다린다

더위가 온몸에 감겨드는 여름밤
이름 불려 선술집 탁자에 올려지는 병
긴장감을 견디지 못해 온몸에 땀을 흘린다

병마개에 쇠 올가미를 걸자
'뻥'하는 짧은 신음 토하며 뒹구는 마개
서로가 서로에게 떨어질 수 없을 듯 꽉 밀착되었지만
한순간의 이별에는 인사도 없다

시원한 술 한 모금이
고단한 사람들의 목젖을 타고 내려간다

오가는 술잔 속에 채움과 비움
오가는 정담 속에 막힌 곳을 뚫고 마른 곳을 적신다

몸을 추스른 병은
선술집 탁자에 쏟아지는 사연을 제 일인양 듣는다

비워지는 병이 많을수록 사람들 얼굴이 노을에 물들고
밤이 깊을수록 선술집 바닥에 마개가 쌓여간다
선술집 구석에는 머리가 없어진 병들의 무덤이 늘어난다

산속 오솔길을 따라

짙은 나무 냄새 경쾌한 물소리
매미 울음소리 시원한 숲길
귀를 끌어당기고 마음을 잡아맨다

밤새워 뒤척이던 마음 슬며시 집어넣고
어깨 누르는 짐을 내려놓으려
조용히 오솔길을 걷는다

마음의 짐 대신 지게를 지고 산을 오르내리는 길
그 또한 수행의 한 방법
짐 내리고 마시는 생수 한 모금 감로주보다 달콤하다

목탁소리가 잠들었던 산사를 깨우면
산은 저마다의 기억을 싣고 기지개를 켠다

일상으로의 초대

어제와 같은 오늘이 흘러간다
너와의 거리가 멀어지고
앞만 보고 달리던 속도가 주춤한다
거리는 헐렁해지고
어둠의 울타리에 수인번호도 없이 갇혀
혼자 견뎌야 하는 시간

코끝 시린 새벽공기의 신선함
제짝 찾아 울어대는 숲속 오케스트라
집집마다 풍기는 저녁의 냄새
서로 손잡고 눈 맞추고 껴안아줄
너무나 당연히 우리가 누리던 것들
다시 너와 같이할 날이 돌아오겠지

바이러스 물러가고
잊었던 일상을 초대한다

작은 것들의 빅뱅

시멘트 터진 틈 비집고 나와
가쁜 숨을 토해낸다

스미는 빗물 한 방울
비껴가는 햇살 한 줌
쉼 없이 펴 올린 양분조각
기어이 태양보다 밝은 빛 뿜어낸다

한 치의 땅조차 갖지 못해도
응달진 귀퉁이 가장 낮은 곳
환하게 비추고
파란 밤 지새우는 민들레

하얀 별꽃 되어
부는 바람에 우주로 날아간다
또 다른 빅뱅을 위하여

허은주

한국문인협회 문학치유위원

한국문인협회 경기지회 문화교류위원장

한국불교문인협회 이사 · 사무국장 · 부회장 역임

월간한맥문학동인회 이사 · 부회장 역임

한국문인협회 의정부지부 10대 · 11대 지부장 역임

타래시동인회 회원

저서 『사랑이 있는 풍경』

공저 『꽃은 울지 않는다』 외 11권

E-mail : hej1402@hanmail.net

하모니 외 8편

허 은 주

그녀는 바다를 닮았다
그녀는 푸른 물결과 함께 왔으며
거친 파도 대신 물 위를 걷는
감미로운 현(弦)이 그의 곁에 있었다
그는 진솔했으며
겉치레로 화장을 하지 않았다
그의 손이 첼로 위로
미끄러지듯 넘나들 때
베토벤의 영혼의 소리가
꿈길처럼 향기로웠다
영롱한 물방울이 저마다의 눈부심으로
튀어 오르는 아름다운 하모니가
별처럼 반짝거리는 우면산의 밤
바닷빛을 닮은 그녀를 따라
바다로 가고 있다

나폴리

비 오는 주말 나폴리에 왔다
향이 좋은 커피 한 잔 앞에 놓고
감미로운 음악을 들으며
빨간 등대를 바라본다
빗속에서 의연히 바다를 지키는 등대
파도는 거칠지 않으며 나약하지도 않게
적당한 포말로 왔다 가기를 반복한다
도시에 찌든 사람들은
마음 한 자락씩 내려놓고
평화로운 순간에 젖어든다
분주하지 않으며 고요한 이곳이 좋아라
마음을 크게 부풀려 빨간 등대를 담으려
애쓰다가 봄비에 젖어든 옷자락
모락모락 커피 향기에 말리며
시나브로 바닷빛이 되어
물들어가는 나폴리의 오후

성북동 연가

차가운 겨울은 너무 길었어
노란 봄볕 따스한
벤치에 앉아 화장을 해야 해
노란 개나리가 나를 보며
칙칙하다고 할까봐
화사하고 곱게 분칠을 해야 해
좁은 골목은 고요하고
지나는 젊은 여인 서넛
깔 깔 깔 개나리처럼 웃는다
새소리가 정겨운 성북동 자락
봄 햇살이 무릎에 살포시 내려앉는다
아, 따스해라

S와 K

길 건너 나비 한 마리
나무 두 그루
우리들 마음엔
이미 봄이 먼저 와서
집을 짓고 사는데
길 건너 하얀 꽃나무
처음 보았네
S와 K도 나비를 따라
어디론가 나설 것 같은
봄날 오후
난 언제나
그리운 산으로 간다

하객

문리버가 흐르는
아름다운 공간에서
우리는 위험한 하객이 되었다
인생의 고개를
수십 개 넘어온 중년은
할 말이 많은 듯 보인다
호롱불 밝히듯
은은한 불빛 아래서
우리들은 숨죽이며
아득한 추억을 소환하며
그곳을 나설 때
한 다발의 환한 꽃이 되었다

별밤에 물들다

별빛이 눈송이처럼 쏟아졌네
그 아래 아름다운 선율이
눈길처럼 안개처럼
너무나 감미로워서 꿈길인가
착각 속에 살짝이 옅은 잠이 쏟아졌네
그곳을 떠나기 싫었네
킬리만자로에서 캐나다에서
제주도에서 독도에서
함박눈처럼 큰 별들은 닮아 있었네
나에게 누군가 나랑 별 보러 가지 않을래
손을 내민다면 별빛처럼 빛나는
그의 손을 살며시 잡겠네

봄, 춤추다

바람이 분다
연두들이 춤추는 세상
살랑살랑 나풀나풀
나비가 되어
아이들은 하늘 높이
떠올랐다가
사뿐히 내려앉는다
봄바람에 휘날리는 것은
모두 살아있음이다
한 때의 시간에
찬란히 빛나던

몽환의 숲

문득 그녀가 채송화를
닮았다고 느껴졌다
낮은 땅에 바짝 엎드려
고운 빛으로 지상의 별이 되는
별을 좋아했던 윤동주 시인을
사랑하는 청춘은
그의 이름을 별이라고 불렀다
함박눈이 흑백의 건반을 두드리며
너울너울 춤을 춘다
감미로운 운율에 빠져드는 시간
나이테가 많은 나무 곁에 있었다
영혼이 행복으로 가득할 때
그 여운이 사라지기 전
난 레드와인을 마셔야겠다

그리움

꽃잎이 떠나가고
또 다른 계절이 오네

무수한 삶의 이야기들
아득히 멀어져도

찬바람 불던 날
아파하던 기억들

밀려오는 한 줄기 그리움
손짓하며 나를 부르는데

어둠이 내리는 창가에
별빛처럼 쏟아지는
그리움 그리움이여

타래시동인회 스물다섯 번째 시집
행복을 실은 자전거

초판발행일 2021년 10월 30일

펴낸이 : 신다회
글쓴이 : 타래시동인회
편집위원장 : 한승희
카 페 : https://cafe.daum.net/taraelove
E-mail : edustory@hanmail.net
전 화 : 010-2320-9908

펴낸곳 : 도서출판 문학공원
주 소 : 서울 은평구 통일로 633 녹번오피스텔 501호
전 화 : 02-2234-1666 팩 스 : 02-2236-1666
홈페이지 : www.munhakpark.com
E-mail : 4615562@hanmail.net

※ 책값은 뒤표지에 있습니다.
※ 저자와의 협의에 의해, 인지는 생략합니다.